DÉPARTEMENT DE L'OISE

ASILE PUBLIC D'ALIÉNÉS

DE

CLERMONT (OISE)

RÈGLEMENT

DÉPARTEMENT DE L'OISE

ASILE PUBLIC D'ALIÉNÉS

DE

CLERMONT (OISE)

RÈGLEMENT

DÉPARTEMENT DE L'OISE

ASILE PUBLIC D'ALIÉNÉS

DE

CLERMONT (OISE)

RÈGLEMENT

ASILE PUBLIC D'ALIÉNÉS

DE

CLERMONT (Oise)

RÈGLEMENT

SECTION Ire.

Destination de l'Etablissement.

ARTICLE 1er.

L'Asile public de Clermont (Oise) est exclusivement consacré aux Aliénés des deux sexes.

ART. 2.

Il reçoit :

1° Les aliénés entretenus au compte du département de l'Oise ;

2° Les aliénés entretenus au compte du département de Seine-et-Oise ;

3° Les aliénés entretenus au compte du département de Seine-et-Marne ;

Et ce en vertu d'une convention passée entre ces trois départements le 14 septembre 1884 ;

4° Suivant les places disponibles, des aliénés entretenus au compte des départements étrangers, des administrations publiques et des familles.

ART. 3.

L'asile contient des places distinctes pour les malades soumis au régime commun et ceux qui sont l'objet de régimes spéciaux.

Les places du régime commun, au nombre de
sont attribuées aux aliénés dont la pension, payée par les départements, les administrations publiques ou les familles, n'excède pas le taux des deux dernières classes.

Les places des régimes spéciaux, au nombre de deux cents, sont réservées aux aliénés pour qui les administrations publiques et les familles paient des prix de pension plus élevés.

SECTION II.

Administration.

ART. 4.

L'Asile est administré par un Directeur, sous l'autorité du Préfet du département de l'Oise et sous la surveillance d'une Commission.

SECTION III.

Commission de surveillance.

ART. 5.

Dans la première séance de l'année, la Commission de surveillance fixe le jour et l'heure des réunions mensuelles et obligatoires.

Ces réunions ont lieu dans l'intérieur de l'Asile. Les séances extraordinaires seulement peuvent être tenues au dehors.

Art. 6.

Les délibérations ne sont valables qu'autant que trois ou quatre de ses membres, selon qu'elle se compose de 5 ou de 7, assistent à la séance. Lorsqu'un membre aura manqué à quatre séances de suite sans avoir présenté d'excuses agréées par ses collègues, il pourra être déclaré démissionnaire par le Préfet.

Art. 7.

Dans la séance ordinaire du mois de décembre, la Commission désigne, par une délibération dont copie a été immédiatement adressée au Préfet, celui de ses membres dont le temps d'exercice est accompli. (Ordonnance du 18 décembre 1839, art. 2, § 1.)

Art. 8.

Dans la séance ordinaire de janvier, elle nomme son Président et son Secrétaire, répartit entre ses membres les attributions de surveillance à exercer par chacun d'eux, dans l'intervalle des séances, sur les diverses parties du service et désigne celui d'entre eux qui doit remplir pendant l'année les fonctions d'Administrateur provisoire des biens des aliénés.

Art. 9.

Le Sous-Préfet de Clermont est convoqué à toutes les séances et il les préside de droit lorsqu'il y assiste.

Art. 10.

En cas d'absence ou d'empêchement, le Président de droit ou le Président élu est remplacé par le membre le plus anciennement en fonctions, ou par le doyen d'âge, s'il y a durée égale de fonctions.

Art. 11.

Les délibérations de la Commission sont transcrites sur un registre spécial, signées par les membres présents et confié à la garde du Directeur.

SECTION IV.

Directeur.

ART. 12.

Le Directeur est chargé, sous l'autorité du Préfet, de l'administration intérieure de l'Asile et de la gestion de ses biens et revenus.

Il a une voiture à sa disposition, afin de pouvoir toujours se rendre dans les différentes dépendances de l'Asile.

ART. 13.

Il pourvoit, sous les conditions prescrites par la loi, à l'admission et à la sortie des Aliénés, est chargé de la correspondance et, sauf les droits réservés aux Médecins en chef par l'art. 61, de tout ce qui concerne la police de l'Etablissement.

ART. 14.

Il tient ou fait tenir sous sa responsabilité :

1° Les registres prescrits par la loi du 30 juin 1838 (Art. 12 et 18) ;

2° Les registres du mouvement de la population constatant, jour par jour, mois par mois et année par année, le nombre des journées de présence pour toutes les catégories de personnes nourries dans l'Etablissement ;

3° Un registre matricule du personnel des fonctionnaires, employés, préposés et servants ;

4° Le registre des décès prescrit par l'art. 80 du Code Napoléon ;

5° Un sommier des propriétés immobilières, rentes et créances composant l'actif de l'Asile ;

6° Un registre des minutes de la correspondance ;

7° Un registre des mandats classés d'après les articles du Budget de dépenses ;

8° Un répertoire des archives.

Art. 15.

Il prépare les budgets annuels et les soumet, avec l'avis de la Commission de surveillance, à l'approbation du Préfet avant le 1er juillet.

Il présente au Préfet, dans le mois qui suit la clôture de l'exercice, le compte administratif et moral de l'Etablissement, accompagné de la délibération de la Commission de surveillance qui l'a vérifié et en a constaté les résultats.

Art. 16.

Il constate les sommes à recouvrer par le Receveur, remet à ce comptable, en temps utile, les titres qui établissent la nature et la quotité des créances, et se fait rendre compte par lui des diligences exercées.

Il procède à la vérification de la caisse à l'époque de la clôture de la gestion et de l'exercice, et à des époques indéterminées, toutes les fois qu'il le juge convenable.

Art. 17.

Toutes les dépenses en deniers sont mandatées par le Directeur.

Art. 18.

Les dépenses à faire à titre d'avances aux pensionnaires ou à titre d'emploi de l'avoir des pensionnaires, doivent être autorisées par le Directeur préalablement et par écrit, qu'elles s'opèrent par voie d'achat au dehors ou de prélèvement sur les magasins de l'Etablissement.

Art. 10.

Le Directeur fait dresser et soumet à l'approbation du Préfet, avec l'avis de la Commission de surveillance, les devis des travaux d'entretien et de réparation des bâtiments.

Il peut toutefois, en cas d'urgence, ordonner, sans l'autorisation p[illegible]alable du Préfet, les travaux de réparation dont la dépense, imputable sur les crédits ouverts au budget, n'excède pas le tiers du crédit alloué.

ART. 20.

Le Directeur surveille les opérations de l'Econome, les réceptions et les distributions des fournitures ; il vérifie les restes en magasin d'après les états de situation qui lui sont fournis périodiquement ou sur sa demande.

A la fin de chaque année, il procède au récollement de l'inventaire avec le concours d'un membre de la Commission de surveillance désigné par elle.

ART. 21.

Le Directeur fait connaître chaque jour à l'Econome par un bulletin officiel :

1° Le nombre des individus à nourrir, d'après l'état de la population, dans les diverses catégories fixées par le Règlement (Mod. n° 1) ;

2° Le régime alimentaire du jour, comprenant la fixation, en nombre et en nature, des mets du régime ordinaire pour chaque catégorie et les mets de remplacement (Mod. n°s 2 et 3).

Chaque jour, avant la visite du matin, il fait également connaître aux Médecins en chef le régime alimentaire du jour.

ART. 22.

Le Directeur ne peut ordonner aucun changement à la distribution des bâtiments, à la destination des localités, à l'organisation du service, que sur l'avis de la Commission de surveillance et avec l'autorisation du Préfet.

Les médecins en chef sont appelés à donner leur avis motivé et par écrit toutes les fois que le changement proposé intéresse le service médical, ou est de nature à exercer quelque influence sur l'état sanitaire de l'Etablissement.

ART. 23.

En cas de dissidence entre le Directeur et les Médecins en

chef sur l'opportunité des mesures exigeant leur concours réciproque, les choses demeurent en l'état et le Directeur en réfère immédiatement au Préfet.

ART. 24.

Dans la séance ordinaire de chaque mois, le Directeur porte à la connaissance de la Commission de surveillance les faits principaux qui se sont accomplis pendant le mois précédent. Il met sous ses yeux le mouvement de la population, la situation de la caisse et un état indiquant la suite donnée aux affaires antérieurement délibérées.

ART. 25.

Le Directeur signale immédiatement au Préfet les évasions, accidents, tentatives ou accomplissement de meurtre, ou de suicide.

Il lui rend également compte de tous manquements graves imputés aux Fonctionnaires et Employés non soumis aux peines disciplinaires édictées par l'art. 186.

ART. 26.

Le Directeur ne peut s'absenter plus de deux jours sans l'autorisation du Ministre de l'Intérieur, hormis le cas d'urgence prévu par la circulaire du 23 juin 1855.

Le service administratif est alors confié par le Préfet, soit à l'un des médecins en chef, soit à un intérimaire spécial.

SECTION V.

Receveur.

ART. 27.

Le Receveur est exclusivement chargé de la perception des revenus et du paiement de toutes les dépenses.

Il est tenu d'exercer personnellement sa gestion.

La caisse est ouverte tous les jours non fériés, de neuf heures du matin à cinq heures du soir.

ART. 28.

Le Receveur est soumis aux dispositions des lois relatives aux comptables publics ; sa responsabilité est la même que celle de ses agents ; il se conforme aux lois, ordonnances et instructions ministérielles qui régissent la comptabilité des établissements de bienfaisance.

ART. 29.

Il lui est expressément interdit d'effectuer le paiement des mandats, même dûment acquittés, entre les mains d'intermédiaires attachés à quelque titre que ce soit à l'Etablissement.

ART. 30.

Il doit ouvrir tous les comptes particuliers et tenir tous les livres auxiliaires que peut réclamer la comptabilité spéciale relative aux dépôts d'argent et au pécule des travailleurs.

ART. 31.

Il remet au Directeur, dans la quinzaine qui suit l'expiration de chaque trimestre, le bordereau de la situation prescrit par le Règlement.

ART. 32.

Au mois d'avril de chaque année, il remet une copie de son compte de gestion, pour l'exercice expiré, au Directeur, qui le soumet, avec son avis, à la Commission de surveillance et le transmet ensuite au Préfet.

ART. 33.

Il est tenu de remettre au Directeur, sur sa demande, à toute époque, et chaque mois pour la séance obligatoire, la balance des comptes et la situation de la caisse.

SECTION VI.

Econome.

ART. 34.

Les services économiques de l'Etablissement sont confiés à l'Econome, sous l'autorité et la surveillance du Directeur.

ART. 35.

L'Econome est chargé de la réception, de la conservation et de la distribution des denrées et autres objets de consommation.

ART. 36.

Il ne peut recevoir de fournitures que des mains des individus avec qui l'administration a passé des marchés réguliers, ou qui sont nominativement désignés dans l'ordre d'achats émané du Directeur.

Il vérifie les fournitures au moment de leur réception, et si elles ne lui paraissent pas de bonne qualité ou conformes aux conditions des marchés, il les refuse et exige leur remplacement.

En cas de difficultés avec les fournisseurs, l'Econome en réfère au Directeur, qui statue.

ART. 37.

Il reçoit du Chef de l'exploitation agricole les produits émanant de la culture des fermes.

Il vérifie ou fait vérifier par le commis de l'économat de Fitz-James les fournitures au moment de leur réception, et il en fait l'estimation réelle suivant leur qualité et au cours du jour.

En cas de difficultés avec le Chef de l'exploitation agricole, l'Econome en réfère au Directeur, qui statue.

ART. 38.

Il ne reçoit les denrées destinées à la pharmacie que sur un bulletin du Médecin en chef en constatant la bonne qualité.

ART. 39.

Il a la garde de tous les magasins, de la lingerie et du vestiaire, et la surveillance de la cuisine et de tous les ateliers.

ART. 40.

Il procède ou fait procéder par les agents de l'économat à la distribution des divers objets de consommation en se conformant au règlement et aux ordres écrits du Directeur.

ART. 41.

Les écritures doivent être passées sur le journal au moment même où les distributions sont faites et conformément à ces distributions.

Les écritures et les livraisons faites par l'Econome doivent être quotidiennes pour toutes les distributions alimentaires.

ART. 42.

Pour la livraison des aliments non préparés et la distribution des aliments préparés, l'Econome est tenu de se conformer :

1° Au bulletin officiel transmis par le Directeur, en exécution de l'art. 21 (Modèles nos 1 et 2) ;

2° Aux relevés des cahiers de visite indiquant les modifications individuelles prescrites par le Médecin (Modèles nos 3, 4 et 5) ;

3° Aux allocations fixées par le tarif du régime alimentaire pour les rations et les fractions de rations (Modèles nos 6, 8, 9 et 10).

ART. 43.

Pour la justification des opérations relatives à la consommation alimentaire de chaque jour, l'Econome est tenu de se régler sur les documents énumérés dans l'article précédent et sur la constatation régulière des restes provenant des livraisons et des distributions de la veille, en se conformant aux modèles n°s 11 et 12.

ART. 44.

L'Econome est chargé de veiller à l'entretien et à la conservation du mobilier; il dresse l'inventaire général du mobilier de l'Etablissement (Modèle n° 13) et les carnets d'inventaire pour chacune des divisions.

Nul objet porté sur les inventaires n'en peut être retranché que par suite de réintégration régulière dans les magasins, ou de procès-verbaux de destruction ou d'usure, rédigés par l'Econome et approuvés par le Directeur et un membre de la Commission de surveillance.

L'Econome est responsable de tout déficit qui, au moment du récollement annuel ou à toute autre époque, est reconnu provenir de sa faute ou de sa négligence.

ART. 45.

Tous les objets pour lesquels il n'a été fait ni adjudication ni marché, sont achetés par l'Econome en vertu d'ordres du Directeur ; le Receveur en acquitte le prix.

ART. 46.

Il est expressément interdit à l'Econome de rédiger lui-même ou de faire rédiger par une personne attachée à l'Etablissement les factures des fournisseurs.

ART. 47.

Néanmoins, pour les achats relatifs à la consommation journalière et pour les menues dépenses qui ne comportent ni factures régulières, ni mandats spéciaux, le Receveur met à la disposition de l'Econome, à titre d'avances, sur ordonnancement du Directeur, une somme qui ne peut excéder cinq cents francs.

Lorsque cette somme est dépensée, l'Economc en justifie l'emploi par un état détaillé, dans lequel les dépenses sont classées conformément aux articles du budget et il ne lui est remis de nouveaux fonds qu'après le visa et l'approbation de cet état par le Directeur.

ART. 48.

L'Econome est soumis aux dispositions des lois relatives aux comptables publics et à leur responsabilité. Il tient ses écritures conformément aux instructions relatives à la comptabilité matières.

ART. 49.

Il remet au Directeur, dans les cinq premiers jours de chaque mois, un relevé du grand-livre comprenant les opérations du mois précédent et constatant les restes en magasin.

Il est responsable de tout déficit non justifié par un procès-verbal de déchet, coulage ou destruction, signé par le Directeur et un membre de la Commission de surveillance.

ART. 50.

Il remet, dans les trois premiers mois de chaque année, un compte de gestion au Directeur, qui soumet ce compte, avec l'avis de la Commission de surveillance, à l'approbation du Préfet.

SECTION VII.

Employés et Préposés.

ART. 51.

Les Employés attachés à la Direction, à la Recette et à l'Economat sont nommés par le Préfet, sur la proposition du Directeur ; ils sont révocables par le Préfet après avis de la Commission de surveillance. Ils sont tenus d'être dans leurs bureaux respectifs depuis 8 heures du matin jusqu'à 6 heures du soir.

ART. 52.

Les divers préposés et gens de service sont nommés par le Directeur; ils sont placés sous l'autorité du Directeur et sous les ordres immédiats du chef de service auquel ils sont attachés.

ART. 53.

Les Concierges sont tenus de faire exécuter, à l'égard de tous, sans exception, la consigne générale et les consignes particulières qui leur sont données par le Directeur et qui doivent être affichées dans leur loge.

SECTION VIII.

Service médical.

ART. 54.

Le personnel du service médical est composé ainsi qu'il suit :

1° Un Médecin en chef pour les hommes ;
2° Un Médecin en chef pour les femmes ;
3° Un Médecin adjoint à Fitz-James ;
4° Un Médecin adjoint à Villers ;
5° Quatre Internes à Clermont ;
6° Un Pharmacien à Clermont ;
7° Un Tisanier à Clermont.

ART. 55.

Sont attachés au service médical :

1° Un Surveillant en chef dans la section des hommes pensionnaires à Clermont ;

2° Une Surveillante en chef dans la section des femmes pensionnaires à Clermont ;

3° Un Surveillant en chef aux hommes indigents à Clermont ;

4° Un Sous-Surveillant aux hommes indigents à Clermont ;

5° Une Surveillante en chef aux femmes indigentes à Clermont ;

6° Une Sous-Surveillante aux femmes indigentes à Clermont ;

7° Un Surveillant en chef aux hommes pensionnaires à Fitz-James ;

8° Un Surveillant en chef aux hommes indigents à Fitz-James ;

9° Une Surveillante en chef aux femmes pensionnaires au Petit-Château ;

10° Une Surveillante en chef aux femmes indigentes à Bécrel ;

11° Un Surveillant en chef aux hommes indigents à Villers ;

12° Des Infirmiers, des Infirmières, dont le nombre est fixé par le Préfet.

ART. 56.

Les Elèves internes sont nommés par le Préfet, sur la présentation du Directeur et du Médecin en chef de leur service ; ils doivent être âgés de 21 ans au moins, et avoir au moins dix inscriptions.

SECTION IX.

ART. 57.

Le Directeur et chaque Médecin en chef peuvent demander au Préfet la révocation de l'élève interne du service de ce dernier.

Le Directeur, lorsque la révocation est demandée par le Médecin en chef, et le Médecin en chef lorsqu'elle est demandée par le Directeur, sont appelés à donner leur avis.

La Commission de surveillance est toujours entendue.

ART. 58.

Ceux des agents énumérés à l'article 55, qui seront admis

aux charges et aux avantages de la Caisse départementale de retraite, seront nommés par le Préfet, sur la proposition du Directeur et avis conforme du Médecin en chef du service duquel ils font partie.

Ils sont révocables par le Préfet, après avis de la Commission de surveillance.

Les autres préposés et gens de service énumérés à l'article 55 sont nommés par le Directeur, sur l'avis conforme du Médecin en chef du service duquel ils font partie.

Ils sont révocables par le Directeur, pour cause d'infidélité, d'insubordination ou d'inconduite et pour le cas prévu par l'article 93.

Leur révocation, dans les autres cas, ne peut avoir lieu que sur la demande ou l'avis conforme du Médecin en chef de leur service.

En cas de dissentiment entre le Directeur et l'un ou les Médecins en chef, il en est référé au Préfet.

Art. 59.

Chaque service médical est placé sous l'autorité d'un Médecin en chef.

Art. 60.

Le Médecin en chef de chaque service, remplit, sous sa responsabilité, toutes les obligations imposées aux Médecins des Etablissements d'aliénés par la loi du 30 juin 1838.

Pour la délivrance des certificats que cette loi exige, ils ne peuvent être suppléés par le Médecin adjoint ou par l'un de leurs collègues désigné à cet effet, que dans le cas d'absence ou d'empêchement constaté.

Art. 61.

Ils règlent, chacun dans leurs services, le mode de placement, de surveillance et de traitement des aliénés.

Ils désignent seuls les aliénés pour les travaux et les exercices auxquels ils peuvent être occupés.

Ils veillent à l'accomplissement de toutes les obligations imposées aux élèves internes.

Ils s'assurent que les employés et gens de service ont pour les aliénés et les malades les égards convenables, et veillent à la bonne tenue des salles et des quartiers.

ART. 62.

Les Médecins en chef des hommes et des femmes visitent chaque jour les aliénés de toutes classes et de toutes catégories qui se trouvent à Clermont.

Chacun d'eux est accompagné dans cette visite, qui commence du 1er avril au 30 septembre, à 8 heures du matin, et du 1er octobre au 31 mars, à 8 heures 30 du matin, par leurs Internes et le Surveillant ou la Surveillante en chef de leurs services.

Ils visitent également et alternativement chaque jour les malades de toutes classes et de toutes catégories qui se trouvent dans leurs services à Fitz-James, Bécrel, Petit-Château et Villers.

Toutefois ils peuvent se remplacer mutuellement pour ces visites. Une voiture est mise à leur disposition pour leur faciliter ce service.

ART. 63.

Les Médecins en chef tiennent, ou font tenir, au moment de leurs visites à Clermont, les cahiers de visite, le cahier de la pharmacie, et les cahiers des notes pour leurs observations.

Ils n'auront à tenir ou à faire tenir à Fitz-James, Petit-Château, Bécrel et Villers, que le cahier des notes pour les observations, parce que tout aliéné malade est immédiatement transporté aux infirmeries de Clermont.

ART. 64.

Les cahiers de visite sont divisés en deux séries : l'une pour les jours pairs, l'autre pour les jours impairs.

Le nombre des cahiers de visite est égal à celui des sections de l'Etablissement.

Ces cahiers indiquent, nominativement pour chaque malade, les prescriptions alimentaires et les prescriptions pharmaceutiques et médicales de toute espèce.

Immédiatement après la visite de chaque section, les cahiers, signés par les Médecins en chef, sont transmis à l'Economat, d'où, après le dépouillement des prescriptions alimentaires, ils sont renvoyés dans les sections auxquelles ils se rapportent.

ART. 65.

Les cahiers de la pharmacie sont signés par les Médecins en chef et transmis à la pharmacie immédiatement après la fin de la visite générale.

L'élève interne de garde se concerte avec le Pharmacien pour la distribution des médicaments dangereux ; il extrait du cahier de pharmacie, pour lui-même, *un état nominatif des prescriptions qu'il lui appartient d'exécuter personnellement*, et, pour les Surveillants en chef et les Surveillantes en chef, un état nominatif des prescriptions médicales dont l'exécution est confiée aux infirmiers et infirmières.

ART. 66.

Les Médecins en chef font rédiger et tenir au courant par les élèves internes, sous leur surveillance, des observations individuelles, comprenant pour chaque aliéné, l'indication du nom, des prénoms, du sexe, de l'âge, du lieu de naissance et du domicile, de la profession, du jour de l'entrée, de la sortie ou du décès ; l'abrégé historique de la maladie, l'indication de ses causes, le mode de sa terminaison, l'exposé sommaire du traitement, ainsi que le résultat de l'autopsie en cas de décès.

La rédaction des observations courantes est également confiée aux élèves internes ; le Médecin en chef leur remet, à cet effet, les notes prises à la visite de chaque jour.

Les observations terminées par la sortie ou par la mort, sont réunies et reliées en volumes à la fin de chaque année et déposées dans les archives.

ART. 67.

Indépendamment du rapport semestriel prescrit par l'article 20 de la loi du 30 juin 1838, les Médecins en chef doivent, dans les trois premiers mois de chaque année, rédiger un compte général détaillé et un relevé statistique du service médical pendant l'année précédente.

Le compte rendu du service médical est adressé au Préfet et remis au Directeur pour être joint à son compte moral et administratif; les deux documents sont transmis en double expédition au Préfet, avec l'avis de la Commission de surveillance.

ART. 68.

Immédiatement après le décès d'un malade, le corps sera porté à la salle des morts, et l'état extérieur du corps, ainsi que le décès, sera préalablement constaté par l'élève interne de garde.

Les parents seront prévenus du décès et il ne pourra être procédé à l'autopsie lorsqu'ils y auront formé une opposition écrite.

Les autopsies seront faites par les Médecins en chef qui pourront se faire suppléer par le Médecin adjoint.

Le Médecin qui procédera ou présidera à l'autopsie en dictera immédiatement le procès-verbal à l'un des élèves présents et y apposera sa signature.

ART. 69.

Les Médecins sont tenus de résider dans l'Etablissement ou ses dépendances.

Ils ne peuvent s'absenter plus de 24 heures sans en donner avis au Directeur, et plus de 48 heures sans un congé du Préfet.

ART. 70.

Il est interdit aux Médecins d'exercer leur profession hors de l'Asile et de ses dépendances, sauf le cas où ils seraient commis par la Justice, ou celui où ils seraient appelés en consultation par d'autres Médecins pour des cas de leur spécialité.

SECTION X.

Médecin adjoint.

ART. 71.

Le Médecin adjoint, qui réside à Fitz-James, fait, tous les matins, une première visite aux malades de toutes classes et de toutes catégories qui se trouvent au Petit-Château, à Bécrel et à Fitz-James.

Il est expressément chargé, sous l'autorité du Médecin en chef des hommes, de veiller à ce qu'aucun malade ne quitte le quartier s'il n'est assez dispos pour se rendre au travail avec sa brigade.

Il attend chaque jour, à l'heure convenue entre eux, le Médecin en chef, l'accompagne dans sa visite et lui signale les malades dont l'état présente quelque chose de particulier.

Il est chargé de la rédaction courante de toutes les notes qu'il prend pendant la visite de chaque jour.

ART. 72.

Le Médecin adjoint est tenu de résider à la Colonie de Fitz-James.

Il ne peut s'absenter plus de 24 heures sans en donner avis au Directeur et sans avoir obtenu l'agrément des Médecins en chef, et plus de 48 heures sans un congé du Préfet.

ART. 73.

Le Médecin adjoint de Villers, est, en ce qui concerne cette ferme, soumis aux prescriptions des deux articles précédents.

Les deux Médecins adjoints sont, comme les Médecins en chef, soumis aux prescriptions de l'article 70.

SECTION XI.

Chirurgien.

ART. 74.

Lorsque les circonstances l'exigent, le Médecin en chef peut réclamer le concours d'un Chirurgien.

SECTION XII.

Pharmacien.

ART. 75.

Le Pharmacien est chargé, sous la surveillance des Médecins en chef, de tout ce qui concerne le service thérapeutique.

Il fait les propositions relatives à l'approvisionnement de la pharmacie, vérifie la qualité des substances pharmaceutiques au moment de leur réception ; il prépare et distribue les médicaments.

ART. 76.

Dans les préparations des médicaments les plus usuels, il se conforme, pour la proportion des substances médicamenteuses et des substances édulcorantes, aux règles tracées dans un formulaire concerté avec le Médecin en chef et approuvé par le Directeur.

Pour toutes les autres préparations, il se conforme au codex et aux prescriptions formulées par les Médecins.

ART. 77.

Le Pharmacien ne peut délivrer aucun médicament que sur la prescription expresse et nominative des Médecins de l'Etablissement et pour l'usage exclusif des aliénés et de ceux des fonctionnaires, employés, préposés et servants qui sont logés et nourris dans l'Etablissement et ses dépendances, et qui ont droit aux soins gratuits.

ART. 78.

Il livre aux Infirmiers les médicaments destinés aux aliénés conformément aux prescriptions du cahier de la pharmacie ou aux ordonnances spéciales délivrées dans le cours de la journée.

Dans le cas où les médicaments prescrits contiennent des substances dangereuses, le Pharmacien ne peut les confier qu'à l'élève interne de garde, exclusivement chargé de les administrer aux malades.

ART. 79.

Le Pharmacien tient les écritures relatives à la gestion de son officine.

Les registres nécessaires à la tenue de cette comptabilité sont cotés et paraphés par le Directeur, qui les vérifie au moins une fois par trimestre.

Il remet, avant l'expiration du premier trimestre, son compte de gestion de l'année précédente au Directeur, qui, après l'avoir approuvé, le joint au compte de gestion de l'Econome comme pièce justificative.

ART. 80.

Il sera procédé chaque année par le Pharmacien, en présence du Directeur et d'un Médecin en chef, à un récollement ou inventaire de tous les médicaments existant en magasin, à la date du 31 décembre.

Les résultats de cette opération seront constatés et certifiés par ceux qui y auront concouru.

Dans le cas où des médicaments seraient reconnus avariés et hors d'état d'être employés, ils seront détruits, et un procès-verbal constatera la cause de leur avarie et leur destruction.

SECTION XIII.

Elèves Internes.

ART. 81.

Les élèves internes secondent les Médecins.

ART. 82.

Ils restent en exercice pendant trois ans.

Ils peuvent se faire recevoir Docteur en Médecine dans cet intervalle, sans être forcés de renoncer à leurs fonctions.

Une prolongation de la durée de l'internat pour une ou plusieurs années, peut être accordée par le Préfet, sur la demande du Directeur et des Médecins en chef.

ART. 83.

Le service des élèves internes est quotidien et périodique.

ART. 84.

Le service quotidien comprend :

1° La présence à la visite du matin ;

2° La visite ou contre-visite du soir ;

3° La tenue des cahiers de visite, du cahier de la pharmacie et du cahier des notes pour les observations ;

4° Les pansements ;

5° La rédaction des observations individuelles ;

La répartition de ces obligations entre les internes est réglée par les Médecins en chef.

ART. 85.

Le service périodique comprend :

1° Le service de garde pendant 24 heures ;

2° L'administration des médicaments dangereux ;

3° L'administration des douches et la surveillance des bains d'affusion ;

4° L'exécution des prescriptions médicales qui ne peuvent être confiées aux infirmiers et aux infirmières.

5° L'assistance à la visite du soir ;

6° La constatation des décès.

ART. 86.

Chacun des internes est chargé, à tour de rôle, du service périodique.

L'interne de garde ne peut se faire remplacer par un autre interne que sur l'autorisation écrite du Médecin en chef, approuvée par le Directeur.

Sous aucun prétexte, il ne peut sortir de l'enceinte de l'Etablissement pendant toute la durée de la garde.

Pendant la journée, l'interne de service est tenu de séjourner dans la salle de garde ou dans sa chambre.

S'il vient à sortir de la salle de garde, il indique sur un tableau à ce destiné, le lieu dans lequel il s'est rendu.

ART. 87.

L'interne de garde est appelé à donner les premiers secours aux malades en cas de besoin ; mais il lui est interdit de prescrire des douches et des bains d'affusion, la prescription en est exclusivement réservée aux Médecins.

Toutes les fois qu'un accident grave se présente, il est tenu d'en faire immédiatement avertir le Médecin en chef et le Directeur.

SECTION XIV.

Surveillants et Surveillantes en chef. — Infirmiers et Infirmières.

ART. 88.

Les Surveillants et les Surveillantes en chef, les Infirmiers et les Infirmières, sont placés sous l'autorité du Médecin en chef en tout ce qui concerne le service médical, et les fonctions qu'ils ont à remplir auprès des malades.

ART. 89.

Les Surveillants et les Surveillantes en chef sont spécialement chargés :

De maintenir le bon ordre et la discipline dans leurs sections respectives ;

D'assister à la distribution des aliments et de veiller à ce qu'elle soit faite conformément au régime et aux prescriptions des cahiers de visite ;

D'assister à la distribution des médicaments et de veiller à ce que les malades les prennent en temps utile ;

D'assister aux communications des visiteurs avec les malades, et de veiller à ce qu'il ne soit jamais remis à ces derniers, ni comestibles, ni instruments tranchants ou piquants, ni aucun autre objet, sans l'autorisation écrite du Médecin en chef.

ART. 90.

Un service de nuit est institué et comprend :

1° La veille continue de deux Infirmiers dans la section des hommes indigents ; d'un Infirmier dans la section des hommes pensionnaires ; de deux Infirmières dans la section des femmes indigentes, et d'une Infirmière dans la section des femmes pensionnaires ;

2° Des rondes spécialement confiées aux Surveillants et aux Surveillantes en chef dans leurs sections respectives.

ART. 91.

Le droit d'ordonner l'emploi des moyens de contrainte appartient exclusivement au Médecin en chef.

Si, dans un intérêt de sûreté, les Infirmiers ou les Infirmières se trouvent forcés de recourir d'urgence à l'emploi de l'un de ces moyens, ils doivent en rendre compte immédiatement au Surveillant ou à la Surveillante en chef, qui sont tenus d'en informer, dans le plus bref délai, le Médecin en chef, et en son absence, le Médecin adjoint ou l'interne de service.

ART. 92.

Il est expressément interdit aux Surveillants et Surveillantes en chef, ainsi qu'aux Infirmiers et aux Infirmières, d'infliger aux malades quelque punition que ce soit, et de rien changer aux conditions du régime qui leur est attribué par le règlement, ou qui leur est prescrit par le Médecin.

ART. 93.

Tout Infirmier ou Infirmière convaincu d'avoir maltraité un aliéné est immédiatement révoqué par le Directeur, sans préjudice des poursuites judiciaires qui pourraient être intentées.

SECTION XV.

Service religieux. — Aumônier.

ART. 94.

Le service religieux est confié à un Aumônier nommé par l'évêque de Beauvais, sur une liste de trois candidats que désigne le Préfet.

ART. 95.

L'Aumônier célèbre la messe tous les jours, les vêpres le dimanche et les jours de fête. Les services et exercices d'usage dans l'Etablissement, également le dimanche et jours de fête, ainsi que pendant tout le mois de mai.

L'heure de la messe est fixée à 9 heures pour le dimanche et jours de fête, et à 8 heures pour les jours non fériés.

Il administre les secours spirituels aux malades ainsi qu'aux fonctionnaires, employés et gens de service qui les réclament.

Tous autres exercices particuliers et extraordinaires ne peuvent avoir lieu que du consentement du Directeur.

ART. 96.

L'Aumônier accomplit gratuitement les services religieux qui sont à la charge de l'Etablissement.

Il n'a droit à aucun casuel.

ART. 97.

Les aliénés des deux sexes ne sont admis aux offices qu'avec la permission du Médecin en chef.

Ils doivent être complètement séparés dans l'intérieur de la chapelle.

ART. 98.

Avant de communiquer avec les aliénés, l'Aumônier doit prendre auprès du Médecin en chef les indications nécessaires.

Il doit s'abstenir de toute relation avec eux dans le cas où le Médecin en chef déclare que sa présence peut leur être préjudiciable.

ART. 99.

L'Aumônier est appelé à fournir au Directeur, lors de la préparation de l'état des consommations présumées et du budget, un exposé des besoins matériels du service religieux.

SECTION XVI.

Service agricole.

ART. 100.

Le personnel du service agricole est composé ainsi qu'il suit :

1° Un Chef de l'exploitation agricole ;

2° Deux Chefs de culture ;

ART. 101.

Sont attachés au service agricole :

1° Huit charretiers,
2° Onze bricoliers ;
3° Cinq bouviers ;
4° Deux bergers ;
5° Un vacher.

ART. 102.

Le Chef de l'exploitation agricole est nommé par le Préfet, sur une liste de présentation dressée de concert par le Directeur et la Commission de surveillance.

ART. 103.

Le Directeur nomme les Chefs de culture.

Tous les gens du service désignés par l'article 101 sont également nommés par le Directeur, sur l'avis conforme du Chef de l'exploitation agricole.

Ils sont révocables par le Directeur pour cause d'infidélité, d'insubordination ou d'inconduite et pour le cas prévu par l'article 93.

Leur révocation dans les autres cas ne peut avoir lieu que sur la demande ou l'avis conforme du Chef de l'exploitation agricole.

En cas de dissentiment entre le Directeur et le Chef de l'exploitation agricole, il en est référé au Préfet, avec avis de la Commission de surveillance.

SECTION XVII.

Chef de l'Exploitation agricole.

ART. 104.

Le service agricole est placé sous l'autorité du Chef de l'exploitation agricole et la surveillance du Directeur.

Art. 105.

Le Chef de l'exploitation agricole règle les prévisions d'ensemencements annuels pour trois années à l'avance et donne connaissance au Directeur des décisions qu'il a prises.

Pour que ces décisions soient applicables, il faut que la Commission donne un avis favorable et qu'elles soient acceptées par le Préfet.

Art. 106.

Si pendant cette période triennale le Chef de l'exploitation agricole croit devoir changer la quantité des terres attribuée à telle ou telle culture, il doit en donner assez tôt connaissance au Directeur.

En cas de divergence sur la nécessité de la mesure proposée, elle est soumise par le Directeur à la Commission de surveillance qui donne son avis, en présence du Chef de l'exploitation agricole qui, dans ce cas, assiste à la séance, et il est statué par le Préfet.

Art. 107.

Le Chef de l'exploitation agricole tient ou fait tenir sous sa responsabilité les comptes de culture, avec le concours de l'Econome et du Receveur, en tant que cela est prescrit par les règles de la comptabilité matières et de la comptabilité espèces.

Art. 108.

Les produits qui seront livrés par la culture pour être consommés dans l'Etablissement seront reçus par l'Econome ou le commis d'Economat chargé de ce soin.

Ils seront estimés à leur valeur réelle et au cours du jour, pour être portés au compte de réception.

Art. 109.

La quantité et l'espèce des produits à vendre devront être connues du Directeur, et le marché ne pourra être conclu que s'il y a entente sur le prix de vente entre le Chef d'exploitation et le Directeur.

ART. 110.

A toute demande de l'Econome, le Chef de l'exploitation agricole doit donner ordre au Chef de culture de Fitz-James, et si besoin est, au Chef de culture de Villers, de mettre à la disposition de ce fonctionnaire, et suivant les nécessités de son service, un ou plusieurs attelages de chevaux ou bœufs pour faire les transports de marchandises provenant des fermes, de la forêt, des gares de Breuil-le-Sec, Clermont, etc.

Dans le cas d'absence du Chef de l'exploitation agricole, le Chef de culture de Fitz-James doit donner satisfaction à la demande de l'Econome.

ART. 111.

Il remet, dans les premiers mois de chaque année, un compte de gestion au Directeur, qui soumet ce compte, avec l'avis de la Commission de surveillance, à l'approbation du Préfet.

ART. 112.

Le Chef de l'exploitation agricole est tenu de résider à la ferme de Fitz-James.

SECTION XVIII.

Chefs de culture.

ART. 113.

Les Chefs de culture secondent le Chef de l'exploitation agricole dans toutes les parties du service.

Celui des deux qui sera désigné par le Directeur, d'accord avec le Chef de l'exploitation, remplacera ce dernier en cas d'absence ou d'empêchement.

ART. 114.

Ils sont expressément chargés, sous l'autorité du Chef de l'exploitation :

1° De surveiller toutes les parties du service de la culture et d'assurer l'exécution régulière des prescriptions du Chef de l'exploitation ;

2° De faire reconnaître par les bricoliers ou autres agents du service de la culture, le nombre de malades que ceux-ci reçoivent en garde à la sortie des sections, et de veiller à ce qu'ils soient ramenés avec soin aux heures indiquées pour les repas ou le repos ;

3° De veiller à ce que les malades ne soient pas maltraités ou employés à des travaux manuels tels que ceux indiqués dans l'article 152.

ART. 115.

Les Chefs de culture sont tenus de résider dans la ferme dont ils ont la surveillance.

SECTION XIX.

Jardinier en chef.

ART. 116.

Le service des jardins potagers et d'agrément de l'Asile et de ses colonies, est confié au jardinier en chef, sous l'autorité de l'Econome et la surveillance du Directeur.

ART. 117.

Ce service est composé ainsi qu'il suit :

1° Du Jardinier en chef;

2° D'un Jardinier à Fitz-James;

3° De six aides-jardiniers.

SECTION XX.

Positions des reposants.

ART. 118.

Sur la demande du Directeur, un arrêté du Préfet, soumis à l'approbation du Ministre de l'intérieur, pourra accorder la position de reposant à tous les employés résidant dans l'Etablissement ou ses annexes et qui n'auraient point été adjoints aux caisses de retraites départementales.

SECTION XXI.

Admissions, Sorties, Décès.

ART. 119.

Le Directeur et le Médecin en chef se conforment aux dispositions de la loi du 30 juin 1838, qui règlent les formalités relatives à l'admission, au séjour et à la sortie des aliénés.

ART. 120.

Les aliénés placés par l'autorité, sur la présentation de l'ordre de placement et les aliénés placés par les familles, sur la justification des formalités légales et réglementaires, sont admis dans l'Asile à toute heure du jour et de la nuit.

ART. 121.

Au moment de l'admission, le Médecin en chef, ou, à son défaut, le Médecin adjoint, ou l'élève interne de garde, rédige le bulletin médical d'admission, visite le malade, désigne la division où il doit être placé, et lui donne les premiers soins.

3

Art. 122.

Les pensionnaires entretenus au compte des familles sont divisés en six classes. Les prix de pension sont fixés ainsi qu'il suit :

Classes supérieures..........	3,000 fr.	et au-dessus suivant conditions particulières.
1re Classe....................	1,600 fr.	
Et avec domestique..........	2,600 fr.	Rectification approuvée par décision de M. le Ministre de l'Intérieur en date du 31 octobre 1892.
2e Classe....................	1,200 fr.	
3e Classe....................	900 fr.	
4e Classe....................	760 fr.	
5e Classe....................	540 fr.	

La dernière classe forme, avec les aliénés entretenus au compte des départements, la classe du régime commun.

Les pensionnaires de 4e classe, tout en étant à un régime spécial, sont logés et prennent leurs repas dans les précédentes sections.

Art. 123.

Les pensions se paient d'avance, par trimestre.

Tout mois commencé est dû en entier à l'Etablissement.

En cas de sortie ou de décès du pensionnaire, les sommes qui auraient pu être payées d'avance, sont remboursées, déduction faite du mois échu ou du mois commencé.

Art. 124.

Chaque pensionnaire est tenu d'apporter, en entrant, un trousseau, dont la composition est déterminée par le Règlement intérieur.

Le trousseau est entretenu aux frais de la famille.

Il lui est rendu, dans l'état où il se trouve, à la sortie ou au décès du pensionnaire.

S'il n'est pas retiré dans les six mois qui suivent la sortie ou la notification du décès, il devient la propriété de l'Etablissement.

Art. 125.

Des abonnements peuvent être faits :

Pour un surveillant attaché au service particulier d'un malade.

Pour une surveillante attachée au service particulier d'une malade.

Pour l'entretien du trousseau d'un pensionnaire des six classes stipulées dans l'article 122.

Ces abonnements sont payés de la même manière et aux mêmes époques que le prix de la pension. Le montant de ces abonnements est déterminé dans le tableau 18 du présent Règlement.

Ils peuvent être pris à toute époque, toutefois le trousseau doit être préalablement reconnu et mis en bon état.

Art. 126.

Les vêtements, linge et objets divers, appartenant aux aliénés entretenus au compte des départements, sont inventoriés au moment de leur admission et déposés dans un magasin spécial pour être rendus aux malades au moment de leur sortie.

En cas de décès, les effets mobiliers servant à l'usage personnel des malades deviennent la propriété de l'Etablissement.

Les autres effets mobiliers, laissés par les malades dans les Asiles à leur décès, appartiennent aux héritiers légitimes ou au domaine de l'Etat, en vertu des articles 731, 767 et 768 du Code Napoléon.

Art. 127.

Si au moment de la sortie d'un malade entretenu au compte des départements, les objets d'habillement qui doivent lui être remis sont insuffisants, l'administration de l'Asile les remplace ou les complète.

ART. 128.

Les aliénés, dont la sortie est permise ou ordonnée ne peuvent être remis qu'aux ayants droit sur leur personne, ou à des représentants dûment autorisés.

Ne sont également remis qu'aux ayants droit ou à leurs représentants, et seulement sur décharge écrite, les objets de toute nature appartenant aux malades sortants.

ART. 129.

S'il arrive qu'une aliénée vienne à accoucher dans l'Établissement, le Directeur prend les mesures nécessaires à la conservation de l'enfant, fait la déclaration de naissance à l'officier de l'Etat civil et en donne avis au Préfet.

ART. 130.

En cas de décès d'un aliéné, le Directeur est tenu d'en donner avis dans les 24 heures à l'officier de l'Etat civil, et de faire inscrire sur un registre spécial les détails et les renseignements nécessaires à la rédaction de l'acte de décès.

ART. 131.

En cas de décès, par suite de suicide ou de meurtre, le Directeur appelle un officier de police à constater, avec le Médecin en chef, l'état du cadavre et les circonstances se rapportant au décès.

Le Médecin en chef en rédige un procès-verbal qui est transcrit sur le registre légal à la suite des annotations mensuelles.

ART. 132.

Les inhumations sont réglées et tarifées conformément à un arrêté pris par le Directeur, sur l'avis de la Commission de surveillance et approuvé par le Préfet.

ART. 133.

L'inhumation des aliénés entretenus au compte des départements est fixée au prix de 10 fr., que ces derniers paient à l'Asile.

SECTION XXII.

Régime alimentaire.

ART. 134.

Le régime alimentaire est réglé par classes correspondant aux classes de pension.

ART. 135.

Les aliénés entretenus au compte des départements sont assimilés aux pensionnaires de la dernière classe.

Les Employés, préposés et servants nourris, sont rangés par assimilation, dans l'une des classes établies.

Les Infirmiers, Infirmières et Servants sont assimilés à la 4e classe.

Les Internes et Surveillants en chef sont assimilés à la 1re classe.

ART. 136.

Le régime alimentaire est gras les dimanche, lundi, mardi, mercredi, jeudi et samedi; maigre le vendredi de chaque semaine.

Pendant le carême il y a un jour de maigre de plus.

Les abstinences du carême ne peuvent être imposées aux aliénés et ne peuvent être autorisées, sur leur demande, que d'après la prescription écrite du Médecin en chef.

ART. 137.

Le régime est fixé pour chaque classe, conformément aux tableaux nos 6, 7, 8, 9 et 10.

ART. 138.

Le régime alimentaire ne peut être modifié individuellement qu'en vertu des prescriptions du Médecin en chef, dans les limites tracées par le modèle n° 2, pour les mets de remplacement.

ART. 139.

Tous les repas sont pris en commun et dans les réfectoires, sauf le cas où, d'après la prescription du Médecin, certains pensionnaires doivent manger isolément.

L'heure des repas est fixée ainsi qu'il suit :

Premier repas, à 8 heures du matin ;

Deuxième repas, à midi ;

Troisième repas, à 6 heures du soir.

ART. 140.

Une ration supplémentaire de 100 grammes de pain et de 20 centilitres de vin, ou un demi-litre de cidre ou de bière, est attribuée, sur l'avis du Médecin, aux aliénés employés à des travaux pénibles.

SECTION XXIII.

Coucher, Habillement et Mesures de propreté.

ART. 141.

Les lits des dortoirs pour les aliénés du régime commun sont en fer et se composent d'un sommier ou d'une paillasse, d'un matelas de laine, d'un traversin de laine ou de plume, ou de varech.

Les lits des Infirmiers ont de plus un second matelas et un oreiller de plume.

Chaque lit compte deux couvertures, une de laine légère pour l'été et une seconde de laine pour l'hiver.

ART. 142.

Les lits des malpropres ont un fond garni en zinc, formé de quatre plans inclinés vers un orifice central ouvrant sur un tiroir à cuvette.

Ils ont pour fourniture du varech.

ART. 143.

Les lits d'agités doivent être fixés au sol, leurs fournitures sont appropriées à l'état des malades.

ART. 144.

Il y a pour chaque lit d'infirmerie une table de nuit, et pour chaque lit de dortoir un vase de nuit en faïence.

Les vases de nuit des cellules sont en métal ou en gutta-percha, sans anses.

ART. 145.

Le vestiaire et la lingerie doivent être approvisionnés de manière à fournir à chaque aliéné entretenu au compte des départements des objets déterminés par le modèle n° 14, et à en permettre le renouvellement, ainsi qu'il est dit aux articles 147 et 148.

ART. 146.

Un arrêté du Directeur, approuvé par le Préfet, détermine l'uniforme des Infirmiers et des Infirmières.

Cet uniforme est fourni par l'administration de l'Asile.

Le port en est obligatoire.

Les Infirmiers et les Infirmières qui quittent l'Etablissement doivent le rendre en état.

ART. 147.

Les objets d'habillement et de literie sont changés ainsi qu'il suit :

Les chemises, mouchoirs, bas, chaussettes, bonnets, tabliers, etc., au moins une fois par semaine.

Les bonnets de nuit, cravates, etc., tous les 15 jours.

Les draps de lit, taies d'oreillers, pantalons de toile, tous les mois.

Les pantalons, gilets, vestes d'étoffe, jupes, jupons, camisoles, tous les 3 mois.

Les souliers, galoches, sabots, chapeaux, etc., toutes les fois qu'il est nécessaire.

Le vestiaire et les couvertures d'hiver sont distribués du 1er au 15 octobre, le vestiaire et les couvertures d'été du 1er au 15 mai.

Art. 148.

Les objets détruits ou souillés par les agités et les malpropres sont renouvelés chaque fois qu'il est nécessaire.

Art. 148 *bis*.

Des dispositions sont arrêtées par le Médecin en chef, de concert avec le Directeur, pour que tous les aliénés prennent, dans le cours de l'année, au moins deux bains généraux et six bains de pieds.

Art. 149.

Des lavoirs sont installés dans chacune des sections de l'Etablissement.

Art. 149 *bis*.

Chaque aliénée femme a pour son usage privé deux peignes ; chaque aliéné homme un peigne.

Toutes les semaines on fait la barbe aux hommes et tous les trois mois on leur coupe les cheveux.

SECTION XXIV.

Travail.

République Française.

Le Ministre de l'Intérieur,

Sur la proposition du Directeur de l'Assistance et de l'hygiène publiques ;

Vu la loi du 30 juin 1838 ;

Vu l'ordonnance du 18 décembre 1839, portant règlement sur les établissements publics consacrés aux aliénés ;

Vu l'arrêté ministériel du 20 mars 1857 régissant l'administration des Asiles publics ;

Vu l'avis du Conseil des Inspecteurs généraux des établissements de bienfaisance, en date du 3 décembre 1892, concernant les diverses modifications et additions qu'il conviendrait d'apporter au règlement précité du 20 mars 1857, en ce qui a trait au travail et à l'emploi du pécule dont les prescriptions font l'objet de la section XXIV ;

ARRÊTE :

ARTICLE 1er.

Les prescriptions du règlement du 20 mars 1857 qui font l'objet de la « *Section XXIV travail* » sont et demeurent modifiées ainsi qu'il suit :

Travail et pécule.

Art. 150.

Le travail est institué dans l'asile comme moyen de traitement et de distraction pour les malades.

Art. 151

Le médecin en chef désigne seul les aliénés qui doivent y

prendre part, le genre de travail auquel ils peuvent être occupés ; il limite pour chacun d'eux et pour les travaux quels qu'ils soient, quand il le juge nécessaire, la durée de la journée de travail et peut, en toutes circonstances, s'assurer des conditions générales du travail et des précautions sanitaires dont il est entouré.

Le travail comprend :

1° *Les travaux intérieurs* :

a) participation aux soins du ménage, aux travaux des services généraux ;

b) travaux de culture maraîchère et de jardinage ;

c) travaux de couture et de blanchissage ;

d) travaux relatifs à l'entretien des bâtiments et du mobilier (ateliers divers).

2° *Les travaux extérieurs* :

a) travaux de terrassement et de construction ;

b) travaux agricoles (fermes, machines agricoles) ;

c) travaux industriels.

ART. 152.

Il est absolument interdit d'occuper les aliénés à aucun des travaux qui consistent exclusivement dans l'emploi de la force musculaire et qui sont à l'usage des animaux, tels que mise en mouvement de pompes, roues, manèges, etc., et de louer leurs bras à des tiers pour des travaux quelconques.

ART. 153.

Le produit du travail appartient à l'établissement. Sur ce produit il sera alloué à chaque travailleur appartenant au régime commun une rémunération en nature (ration supplémentaire de vin, d'aliments en nature) déterminée par le Médecin en chef et le directeur.

En outre il sera attribué, pour chaque journée de travail, une rétribution fixe qui ne pourra être inférieure à 0 fr. 10.

Art. 154.

La durée de la journée de travail ne devra jamais excéder 8 heures en hiver et 9 heures en été.

Les Chefs d'ateliers et les Surveillants constatent chaque jour, sur un carnet spécial, le travail réel de chaque aliéné suivant sa durée par journée ou fraction de journée équivalente au quart, à la moitié, aux trois quarts.

Ces carnets de travail sont visés, chaque semaine, par les Surveillants-chefs ou les Chefs de culture.

Art. 155.

A l'aide des carnets de travail il est établi par l'Econome, à la fin de chaque mois, un état récapitulatif constatant la durée de travail fait par chaque aliéné.

Cet état, certifié par l'Econome et visé par le Médecin en chef, établit définitivement les droits de rémunération de chaque aliéné travailleur.

Le solde en est fait, chaque mois, par le Receveur sur un mandat du Directeur revêtu pour ordre de l'acquit de l'Econome.

Art. 156.

Le montant des rémunérations individuelles est porté au crédit du compte particulier ouvert à chaque travailleur sur un registre spécial dit « du pécule » tenu régulièrement par l'Econome et visé tous les trois mois par le Directeur.

Art. 157.

Le produit du travail est accumulé au crédit de chaque travailleur jusqu'à concurrence d'une somme fixe réservée à titre de pécule éventuel de sortie.

Ce pécule éventuel de sortie pourra être fixé différemment, suivant l'origine de l'aliéné, par le Directeur, après avis de la Commission de surveillance.

Art. 158.

Tout aliéné sortant de l'Asile a droit à un pécule.

En cas de sortie par guérison, il en touche intégralement le montant ; en cas de transfert, le pécule est remis entre les mains de l'Économe contre récépissé ; en cas de sortie provisoire ou conditionnelle, ou de placement familial, le versement partiel ou intégral sera fait entre les mains de l'aliéné selon les indications du Médecin en chef.

ART. 159.

Tout aliéné sortant pour une cause de guérison et dont le pécule n'a pas atteint le taux fixé par l'article 157, a droit au complément de son pécule.

La somme complémentaire est ordonnancée par le Directeur et imputable sur le crédit ouvert au budget pour la rémunération du travail.

ART. 160.

Il n'est fait, en principe, emploi au profit de l'aliéné travailleur, d'aucune somme provenant de la rémunération du travail avant que son pécule ait atteint le chiffre fixé par la Commission de surveillance comme pécule éventuel de sortie. Cependant il sera fait exception à cette règle lorsque le Médecin en chef en fera la demande expresse et quel que soit le temps de travail ou le montant du pécule.

ART. 161.

Lorsque le produit du travail dépasse le montant du pécule éventuel de sortie. il en est fait emploi, pour tout ou partie, par ordre du Directeur, au profit de l'aliéné travailleur sur la demande du Médecin en chef ou avec son approbation si la demande émane du malade lui-même ou des Surveillants.

Les dépenses ainsi faites sont inscrites régulièrement par l'Économe sur le registre du pécule au compte de chaque aliéné, avec l'indication de la somme versée ou de la nature de la dépense.

L'emploi du pécule peut être fait en argent, en objets de consommation ou autres ; les versements en argent doivent être fractionnés par petites sommes et par quinzaine ; l'emploi en nature peut se faire par bons de consommation ou par les soins de l'Économe.

ART. 162.

Avec l'approbation du Médecin en chef et sur l'ordre du Directeur, l'aliéné travailleur peut disposer de l'excédent de son pécule en faveur de l'un de ses parents : père, mère, époux, épouse, enfant, frère ou sœur, neveu ou nièce.

ART. 163.

En cas de décès le pécule de l'aliéné travailleur appartient à l'Établissement. Il en est de même des objets qui ont pu être acquis à son profit sur la rémunération du travail.

ARTICLE II.

Le Directeur de l'Assistance et de l'hygiène publiques est chargé de l'exécution du présent arrêté.

Fait à Paris, le 19 décembre 1892.

Signé : Emile LOUBET.

Pour ampliation :

Le Directeur du Cabinet, du Personnel et du Secrétariat,

Signé : SAINSÈRE.

SECTION XXV.

Occupations intellectuelles et distractions.

ART. 164.

Les occupations intellectuelles et des distractions au moyen de jeux, sont assurées aux aliénés qui y prennent part, sur la désignation du Médecin en chef et lorsqu'il s'agit d'exercices corporels, sous la surveillance des Infirmiers et des Infirmières.

Il est interdit aux aliénés de jouer de l'argent.

Art. 165.

Les aliénés entretenus au compte des départements, qui, au moment de leur entrée, sont reconnus avoir l'habitude du tabac, reçoivent gratuitement quatre grammes de tabac en poudre ou huit grammes de tabac à fumer par jour.

Du tabac à priser ou à fumer, en quantité déterminée par suite de convention, est fourni aux aliénés pensionnaires, sur la demande et aux frais de leur famille.

Art. 166.

Aucun aliéné n'est autorisé à avoir à sa disposition de moyens de faire du feu.

Il n'est permis aux aliénés de fumer qu'à des heures déterminées, au moment des récréations et sous la surveillance des Infirmiers.

SECTION XXVI.

Visites et sorties.

Art. 167.

Les aliénés ne peuvent être visités par leurs parents et leurs amis que sur une permission écrite du Médecin en chef, soumis au visa du Directeur.

Art. 168.

Les visites se font au parloir ou dans les jardins, sous la surveillance des Infirmiers et des Infirmières ; dans les cas exceptionnels de convenance ou de nécessités reconnues par le Médecin en chef et le Directeur, elles peuvent se faire dans les divisions et dans les chambres des pensionnaires.

ART. 169.

Les visites ont lieu à Clermont tous les jours, de dix heures du matin à quatre heures du soir.

La durée de la visite peut être limitée à un temps déterminé dans la permission du Médecin en chef.

Elle doit immédiatement cesser toutes les fois qu'elle a pour effet d'agiter la malade.

ART. 170.

Aucun aliéné ne peut faire de promenades extérieures s'il n'est accompagné d'un Infirmier ou d'une Infirmière, ou s'il n'est confié à un parent ou un ami qui prend la responsabilité de la surveillance du malade au seuil de l'Etablissement.

La permission de sortie, délivrée par le Médecin en chef et visée par le Directeur, doit mentionner le nom de la personne qui accompagnera ou recevra le malade et déterminer la durée de l'absence.

ART. 171.

Le Directeur transmet, une fois au moins chaque mois, aux familles qui le demandent, des bulletins rédigés par le Médecin en chef, constatant l'état physique et moral des malades.

SECTION XXVII.

Emploi de la journée.

ART. 172.

Les aliénés se lèvent, du 1er mars au 1er mai, à 6 heures du matin ; du 1er mai au 1er septembre, à 5 heures du matin ; du 1er septembre au 1er novembre, à 6 heures du matin, et du 1er novembre au 1er mars, à 7 heures.

Ils se couchent du 1er mars au 1er septembre, à 9 heures du soir, et du 1er septembre au 1er mars, à 8 heures 30.

ART. 173.

Une demi-heure est consacrée chaque matin, immédiatement après le lever, à la toilette et aux soins de propreté.

ART. 174.

Le travail commence du 1er mars au 1er mai, à 7 heures du matin ; du 1er mai au 1er septembre, à 6 heures du matin ; du 1er septembre au 1er novembre, à 7 heures du matin, et du 1er novembre au 1er mars, à 9 heures du matin.

Il est repris à 9 heures 30, après la récréation qui suit le déjeuner, jusqu'à 12 heures ; et à 2 heures, après la récréation qui suit le dîner, jusqu'à 6 heures.

ART. 175.

La durée du déjeuner et de la récréation qui le suit est de 1 heure 30, et celle du dîner et de la récréation est de 2 heures.

Une récréation de 1 heure et demie ou de 2 heures a toujours lieu, suivant l'époque, entre la cessation du travail et le coucher.

SECTION XXVIII.

Dispositions générales.

ART. 176.

La porte de l'Etablissement est ouverte à 5 heures du matin, du 1er mai au 1er octobre, et à 6 heures du matin, du 1er octobre au 1er mai, et fermée à 10 heures et demie du soir pendant la première période et à dix heures du soir pendant la seconde.

ART. 177.

Les employés qui habitent l'Etablissement ne peuvent y entrer ou en sortir avant ou après les heures fixées par l'article précédent, sans une autorisation écrite du Directeur.

ART. 178.

Les personnes étrangères à l'Etablissement ne sont admises à le visiter qu'avec l'autorisation et sous la responsabilité du Directeur, à moins qu'elles ne soient personnellement accompagnées par le Médecin en chef.

ART. 179.

Nul étranger ne peut être autorisé à se mettre en rapport avec les malades.

ART. 180.

Toute introduction de comestibles, de boissons spiritueuses, d'instruments tranchants ou piquants, de livres, de journaux, et généralement d'objets susceptibles d'un emploi dangereux ou nuisible dans un établissement d'aliénés, est rigoureusement interdit, hors les cas où le Directeur juge devoir les autoriser sur l'avis conforme du Médecin en chef.

ART. 181.

Les aliénés ne peuvent avoir d'argent à leur disposition qu'avec l'autorisation du Directeur, sur l'avis conforme du Médecin en chef.

ART. 182.

Il est interdit à toutes les personnes attachées au service administratif ou médical de la maison de recevoir, sous aucun prétexte, aucune somme d'argent, soit comme rémunération de services particuliers, soit comme dépôt pour le compte et à l'usage des pensionnaires.

Art. 183.

Le Directeur, le Médecin en chef, le Médecin adjoint, les élèves internes et l'Aumônier ont seuls le droit de pénétrer, pour l'exercice de leurs fonctions respectives, dans la division des hommes et dans celle des femmes.

Est interdit aux employés du sexe masculin l'entrée dans les divisions des femmes ; aux employées du sexe féminin, dans les divisions d'hommes ; si ce n'est pour les besoins du service, sur l'autorisation expresse du Médecin en chef.

Art. 184.

Le Directeur peut autoriser les absences n'excédant pas huit jours, pour les employés autres que le Médecin en chef et le Médecin adjoint, à la condition de pourvoir aux exigences des services, en se concertant avec le Médecin en chef pour ce qui concerne le service médical.

Toute absence de plus longue durée ne peut être autorisée que par le Préfet.

Art. 185.

Les Infirmiers et Infirmières, Servants et Servantes, ne peuvent sortir dans le jour et découcher qu'avec l'autorisation du Directeur.

Art. 186.

Des peines disciplinaires sont applicables aux employés, préposés et gens de service, à l'exception du Directeur, des Médecins en chef, du Médecin-adjoint, du Pharmacien, du Receveur, de l'Econome, du Chef de l'exploitation agricole et de l'Aumônier.

Elles consistent :

1° Dans la réprimande applicable à tous les employés, préposés et gens de service ;

2° Dans la consigne à l'intérieur, applicable à tous ceux qui résident dans l'Etablissement ;

3° Dans la garde, hors de tour, applicable aux élèves internes ;

4° Dans l'augmentation temporaire du nombre des heures de travail, pour les commis aux écritures.

5° Dans la privation de sortie pour les Infirmiers, Infirmières et gens de service.

ART. 187.

Les peines disciplinaires sont prononcées par le Directeur.

Elles ne peuvent toutefois être prononcées contre les élèves internes et les employés attachés au service médical, pour faits relatifs à ce service, que sur la demande ou l'avis préalable du Médecin en chef.

ART. 188.

Le Directeur devra soumettre à l'approbation du Préfet, après avoir pris l'avis de la Commission de surveillance, les règlements particuliers qu'il jugera utile d'instituer pour compléter le règlement général, en ce qui se rapporte aux mesures de discipline, d'ordre et de police intérieure.

Soumis à la vérification de Monsieur le Préfet de l'Oise, après avis favorable de la Commission de Surveillance.

Clermont, le 16 janvier 1887.

LE DIRECTEUR,

Signé : Vin **BRANSOULIÉ**.

Vu par nous, Préfet du département de l'Oise.

A Beauvais, le 1er février 1887.

Signé : **J. DUFRESNE**.

APPROUVÉ :

Paris, le 26 février 1887.

LE PRÉSIDENT DU CONSEIL,
MINISTRE DE L'INTÉRIEUR ET DES CULTES,

Signé : **René GOBLET**.

RÈGLEMENTS SPÉCIAUX ET COMPLÉMENTAIRES

Receveur.

Le Receveur, en ce qui concerne les paiements à faire par les familles des pensionnaires et la conservation des objets précieux et autres valeurs appartenant aux malades, doit se conformer à l'avis ci-dessous du Comité des Inspecteurs généraux, en date du 16 décembre 1882 :

1° Les pensions se paient d'avance par trimestre, commençant les 1er janvier, 1er avril, 1er juillet, 1er octobre.

La famille d'un pensionnaire entrant dans le courant de l'un des deux premiers mois d'un trimestre, n'est tenue à payer de suite que la période restant à courir jusqu'à la fin de ce trimestre ; si le malade entre dans le courant du troisième mois du trimestre, la famille doit solder le nombre de jours de ce mois, plus le trimestre suivant.

2° La portion de la pension acquise à l'Asile, au moment de l'entrée d'un pensionnaire, ne se compose que du nombre de jours à courir depuis cette entrée jusqu'à la fin du mois.

. A partir du premier jour du mois du calendrier qui suivra l'entrée du pensionnaire, tout mois commencé sera acquis en entier à l'Etablissement. En cas de sortie ou de décès du pensionnaire, les mois non commencés qui auraient été payés d'avance sont remboursés à la famille.

3° Suivant les usages adoptés dans chaque établissement et les décisions des Conseils généraux ou des Commissions administratives, la pension peut être réglée, soit par prix de journée, le montant de chaque mois variant suivant le nombre de journées qui le composent, soit par prix mensuel, sans tenir compte du nombre variable des jours du mois ; dans ce dernier cas, la somme due pour le mois d'admission est calculée par jour en évaluant chaque journée au trentième de la pension mensuelle.

4° Les abonnements pris conformément à l'article 152 du présent règlement, sont payés de la même manière et aux mêmes époques que le prix de pension ; ils ne font qu'un avec elle.

5° Bien que la pension soit, en principe, payable par trimestre, des décisions spéciales ou générales du Préfet, en ce qui concerne les Asiles départementaux ; de la Commission, administrative, en ce qui concerne les quartiers d'hospice, peuvent autoriser le Receveur à n'en exiger le paiement que mois par mois ; dans ce cas le premier paiement devra comprendre les jours à courir jusqu'à la fin du mois d'admission et la totalité du mois suivant.

6° Les dépenses hors pension, autorisées par les familles, soit pour le chauffage et l'éclairage des chambres particulières, soit pour des achats d'effets et de linge, soit pour les menus-plaisirs des malades, etc., sont effectuées par l'Econome, en vertu d'un bon à souche signé par le Directeur.

Cependant lorsqu'il s'agit de fournitures périodiques, ou de menus objets de peu d'importance (tabac, ports de lettres ou de paquets), ces dépenses peuvent être régularisées par états signés par le Directeur, au commencement ou à la fin du mois.

7° Le Receveur ne passe en recettes, au compte Asile, que les sommes définitivement acquises à l'Etablissement, et sur lesquelles il ne peut y avoir aucun remboursement à effectuer.

8° Toutes les sommes versées par les familles pour assurer le paiement des portions de pension non encore acquises à l'Etablissement, et celui des dépenses hors pension sont inscrites au compte « Dépôt ». Dans les premiers jours de chaque mois le Receveur fait passer des comptes (Dépôt) au compte (Asile), le montant de la pension due par chaque pensionnaire pour le mois qui commence.

Une colonne auxiliaire du compte (Dépôt) indique, à titre de renseignement, pour chaque pensionnaire et pour chaque trimestre, le montant de la pension due à l'Asile, afin qu'il soit toujours facile de connaître la somme restant disponible pour les dépenses hors pension.

Celles-ci sont payées par le Receveur, sur mandats du Directeur, appuyées toutes les fois que cela est possible, par un mémoire de fournisseur, et dans d'autres cas par un état de l'Économe.

9° Au moment de chaque admission de pensionnaire ou de chaque modification du taux de la pension, le Directeur ou préposé responsable adresse au Receveur, qui en accuse réception, une copie certifiée conforme de l'engagement de paiement. Cette pièce constitue pour le Receveur un titre de recette, et le met en demeure de faire rentrer la pension, jusqu'à ce qu'il ait reçu avis de la sortie ou du décès du pensionnaire. Un avertissement portant le numéro matricule du pensionnaire entré, sans mentionner son nom et indiquant les conditions de la pension souscrite, est adressé au Trésorier-Payeur général par l'intermédiaire du Préfet.

10° A la fin de chaque trimestre, le Directeur ou préposé responsable adresse au Préfet ou au Maire un état où chaque pensionnaire est désigné, non par son nom, mais par son numéro matricule, avec l'indication de la pension acquise à l'Etablissement, et des sommes dues par lui pour les dépenses hors pension effectuées pendant ledit trimestre. Cet état est vérifié et approuvé par le Préfet, lorsqu'il s'agit d'un asile départemental, et par le Maire lorsqu'il s'agit d'un quartier d'hospice ; puis il est envoyé au Trésorier-payeur général, qui, après l'avoir visé, le transmet au Receveur de l'Asile, et cette pièce constitue pour ce dernier un état justificatif de recettes qu'il devra joindre à son compte de gestion, en envoyant celui-ci à la Cour des comptes.

11° A la fin de chaque trimestre, le Receveur dresse pour chaque pensionnaire un bulletin indiquant la somme qui va être due pour la pension du trimestre commençant, le montant des dépenses hors pension effectuées pendant le trimestre finissant, les versements faits en avance au compte « Dépôt » avec indication du numéro des quittances à souche, ou les restes à recouvrer, par suite de retard dans les paiements ; il fournit des explications sur ces retards.

12° Le Directeur ou le préposé responsable s'assure que ces bulletins sont en concordance avec le journal des quittances à souche ; puis les signe et les adresse accompagnés du détail des dépenses, hors pension, et d'une notice médicale à chaque famille, avec prière de vérifier les comptes sans délai et de signaler de suite les erreurs ou omissions qui auraient pu être commises.

Règles relatives à la conservation des objets précieux et des valeurs appartenant aux malades.

13° Les objets précieux, espèces, titres et valeurs, soit qu'ils aient été trouvés sur la personne ou dans les effets des aliénés admis dans les établissements, soit qu'ils aient été remis par des tiers, seront portés au bureau de la direction et inscrits avec mention du nom du département, sur un carnet spécial tenu en forme de journal et sans lacunes.

Les objets y seront sommairement décrits, les titres y seront désignés par leur dénomination, leurs numéros et le montant de leur produit annuel, lorsque ce produit est fixe. On indiquera s'ils sont nominatifs ou au porteur et quel est le dernier paiement d'arrérages, intérêts ou dividendes ou le dernier coupon acquitté.

14° L'ensemble du dépôt sera alors remis au Receveur qui apposera la signature sur le carnet pour constater la prise en charge, en ajoutant le numéro d'inscription au journal à souche.

Il sera délivré en même temps au comptable une copie textuelle de l'enregistrement fait au carnet pour chaque malade.

15° Lorsque l'Administrateur provisoire aura à remettre au Receveur des objets, espèces, titres ou valeurs appartenant à des aliénés, le bordereau constatant le dépôt à faire sera présenté au Directeur qui en fera prendre copie sur le carnet spécial avant de le transmettre au Receveur.

16° En inscrivant le dépôt au journal à souche, le Receveur ne fera ressortir dans la colonne numéraire que les valeurs en espèces.

Le récipissé restera à la souche lorsqu'il ne s'agira pas d'objets apportés du dehors.

17° Pour tous les dépôts comprenant soit des sommes en argent supérieures à cent francs, soit des titres, avis en sera donné par le Directeur à la Trésorerie générale avec les précautions mentionnées à l'article 10.

18° Toutes les sommes remises à quelque titre que ce soit pour un malade, seront portées au compte « Dépôt » du grand livre.

19° Indépendamment de ce compte, le Receveur devra tenir un livre auxiliaire dans lequel il ouvrira un compte particulier à chacun des aliénés pour lesquels il aura été fait des dépôts.

Ce compte reproduira, avec plus de détails s'il est nécessaire, quant à la description des objets, les énonciations portées au bordereau transmis par le Directeur.

Une division en colonnes permettra de distinguer dans les sommes versées au Receveur celles qui ont un caractère de capital patrimonial, de celles qui restent disponibles pour les besoins courants de l'aliéné.

Les sommes à porter dans ces diverses colonnes seront réunies pour chaque versement dans une colonne à totalisation.

20° On portera à ce compte particulier toutes les sommes qui seraient encaissées à titre d'avance sur pension ou abonnements, recouvrements de revenus ou provisions pour menues dépenses.

21° Les objets précieux y seront inscrits sans estimation, ainsi que les titres et valeurs.

22° Le Receveur tiendra un sommier des titres, classés par nature ou valeurs, présentant d'une part le numéro matricule et les noms du titulaire, les numéros des titres, le montant annuel du produit ou des arrérages à encaisser, et une colonne pour recevoir l'inscription de la date de remise du titre aux ayants droit ; d'autre part, dans les colonnes disposées à cet effet, l'inscription des encaissements successifs.

23° L'Etablissement devra être pourvu d'une caisse de sûreté pour la conservation de ces titres et des objets précieux ;

24° Les titres seront classés dans des dossiers spéciaux à chaque nature de valeur.

Le Receveur dressera au dernier jour de chaque semestre un bordereau des recouvrements à faire.

Ce bordereau sera mis à l'appui de sa comptabilité pour justifier ses opérations. Il énoncera les titres par nature de valeurs dans le même ordre que le sommier et les dossiers dont il vient d'être parlé.

25° Lorsque le Receveur se sera régulièrement dessaisi d'objets, d'espèces, de titres, valeurs, qu'il avait en dépôt, il devra en donner avis au Directeur pour qu'il en soit fait mention au carnet spécial tenu à la Direction.

Econome.

L'Econome doit se conformer à l'avis ci-après des Conseils généraux du Comité des Inspecteurs généraux, en date du 16 décembre 1882 :

Règles relatives à la vente d'objets hors de service ou excédant les besoins ; aux allocations et cessions faites aux fonctionnaires et employés.

1° Le Directeur dresse chaque année la liste aussi complète que possible des ventes d'objets hors de service ou excédant les besoins qui devront être effectués soit par adjudication soit aux enchères, et avec le concours d'un officier ministériel, soit par marchés de gré à gré, soit par les soins de l'Econome, sous son contrôle et au mieux des intérêts de l'Etablissement.

Il indique approximativement la valeur de chaque lot.

Cet état est soumis à la Commission de surveillance et transmis, avec son avis, au Préfet, qui statue.

2° Les fonctionnaires logés dans les Asiles, mais non nourris, reçoivent pour l'usage de leur ménage, des légumes et des fruits prélevés sur les produits de l'exploitation générale de l'Etablissement, à moins qu'ils n'aient la jouissance d'un jardin potager cultivé par la maison.

Cette disposition n'est applicable qu'au Directeur, aux Médecins et à l'Econome, alors seulement qu'ils sont logés dans l'Etablissement.

3° Des médicaments doivent être délivrés gratuitement, sur ordonnance du Médecin de l'Asile, aux employés qui y sont nourris.

Sur la proposition du Directeur de l'Asile et l'avis de la Commission de surveillance, le Préfet spécifie quels sont les produits en nature qui peuvent être cédés contre remboursement aux fonctionnaires et employés.

Ces décisions déterminent également les conditions de paiement.

4° Les fonctionnaires et employés logés et non nourris peuvent être autorisés à prendre dans l'Asile la nourriture d'une classe déterminée de pensionnaires, moyennant le remboursement d'une somme mensuelle fixée par décision préfectorale.

5° Lorsque le service de l'Etablissement ne doit pas en souffrir, les fonctionnaires et employés peuvent être aussi autorisés à faire confectionner des objets destinés à leur usage personnel dans les ateliers de l'Asile et moyennant paiement de la main-d'œuvre et des matières premières.

Les bons produits sont visés par le Directeur.

A moins d'impossibilité absolue, les fonctionnaires et employés doivent s'abstenir de s'adresser pour eux-mêmes aux fournisseurs de l'Asile.

6° Le blanchissage du linge est accordé au Directeur, aux Médecins et à l'Econome et aux employés logés dans l'Asile, lorsque le service général de la buanderie ne doit pas en souffrir, mais ce linge n'est pas repassé aux frais de l'Etablissement.

Clermont (Oise). — Imprimerie Daix frères, 3, place Saint-André.

136

www.ingramcontent.com/pod-product-compliance
Lightning Source LLC
LaVergne TN
LVHW010035230826
846091LV00005B/1712

9782013259033